MARIANO PALACIOS  -  J. YARZA LUACES

# EL MONASTERIO
# DE
# SANTO DOMINGO DE SILOS

*Fotografías:* ZUBILLAGA

# EDITORIAL EVEREST, S. A.

MADRID • LEON • BARCELONA • SEVILLA • GRANADA • VALENCIA
ZARAGOZA • BILBAO • LAS PALMAS DE GRAN CANARIA • LA CORUÑA
PALMA DE MALLORCA • ALICANTE — MEXICO • BUENOS AIRES

SEPTIMA EDICION

© EDITORIAL EVEREST, S. A.
Carretera León-La Coruña, km 5 - LEÓN (España)
I.S.B.N. 84-241-4743-X
Depósito Legal: LE 370 -1989

EDITORIAL EVERGRAFICAS, S. A. - Carretera León-La Coruña, km 5 - LEON (España)

# SILOS A TRAVES DE LOS SIGLOS

El monasterio de Santo Domingo de Silos se halla emplazado en la parte oriental de un pequeño valle de la gran meseta castellana que el primer documento escrito del archivo silense (954), ya llama valle de *Tabladillo*.

La vida del hombre en Silos y en sus alrededores se remonta a edades prehistóricas, hoy día ya estudiadas y analizadas en parte, gracias a una serie de excavaciones arqueológicas. Por ejemplo, en el castro de Yecla, a 3 km. del monasterio, se han encontrado restos de poblaciones celtas, celtibéricas, romanas y visigodas. Y, sobre el río que cruza el valle, existen varios puentes romanos, que enlazan con restos de calzadas que le atravesaban, para comunicar la gran vía Zaragoza-Astorga con Clunia.

*Epoca visigótica*, ss. VII-VIII.—Las afirma-

**1.** *Panorámica del valle de Tabladillo, hacia el Este.*

ciones de los historiadores y la arqueología se apoyan mutuamente para sostener, sin ningún género de duda, que el monasterio de Silos tuvo principio en el curso del siglo VII.

¿Cómo vivieron los monjes visigóticos de Silos? Probablemente simultanearon, dadas las características geográficas del valle, la vida monacal eremítica con la comunitaria, en forma de colonias monás-

ticas pequeñas que llenaron el valle de Tabladillo —como sucedía, por lo demás, a mediados del siglo x— convirtiéndolo en un diminuto Bierzo.

Esta vida primera se prolongó desde el

siglo VII hasta finales del primer cuarto del VIII, cuando los árabes conquistaron la península ibérica. Con motivo de este cataclismo general, no sabemos si los monjes de Silos optaron por retirarse a las montañas cántabroastures, o vegetaron como comunidad mozárabe, en medio de las limitaciones de todo tipo del nuevo estado árabe.

*Epoca mozárabe*, ss. VIII?-XI.—En el siglo x, después de que los primeros condes castellanos van reconquistando a los árabes los territorios en los que se encuentra emplazado el monasterio de Silos, la historia monástica silense pasa de su fase prehistórica y entra en las épocas propiamente históricas.

Conocemos algunos de sus primeros abades: Gaudencio (929-943), Placencio (... 954...), Blas (978-979), Nuño de Doñasantos (1019...).

También conocemos, porque se han conservado, algunas de las primicias producidas en su *scriptorium*: el Comentario a la Regla de San Benito, de Esmaragdo, copiado en 945 por el presbítero Florencio (archivo de Silos); y otros dos, fechados en 954, hoy en Valvanera y El Escorial.

El año 954 visita Silos Fernán González, y el 3 de junio, viernes, le otorga un solemne diploma en el que concede al monasterio y a sus posesiones la autonomía total: le reconoce territorio propio; le autoriza a ejercer la jurisdicción civil y eclesiástica *pleno jure;* le exime de las intervenciones de las autoridades condales. Es decir, le otorga la carta magna de sus fueros y franquicias. En este acto del buen Conde radica el porvenir entero de Silos.

Más tarde, no obstante, las razzias de Almanzor sumirán al monasterio silense, a fines del siglo x, en un estado de ruina y desolación lamentables, de las que no podrá surgir sino merced al empuje restaurador de Santo Domingo, a mediados del siglo siguiente.

*Siglos de apogeo*, XI-XIII.—El abad Santo Domingo (1040-1073) es, en lo sucesivo, la figura central de la historia de Silos. Nacido en Cañas, actual provincia de Logroño y entonces perteneciente al reino de

5

2. *Vista aérea del monasterio y villa de Silos.*

(Foto Paisajes Españoles)

**3.** *Vista del monasterio y del pueblo.*   (Foto Sicilia).

Navarra, alrededor del año 1000, estudia la carrera clerical en Calahorra, hasta conseguir la meta del sacerdocio. En seguida cambia la vida pastoral por la monástica, y es ermitaño en la sierra de Cameros y monje cenobita en San Millán. Siendo prior en este ilustre cenobio, es desterrado por el rey García de Navarra a Burgos por un conflicto de jurisdicción económica; y, poco después, recibe del rey Fernando I de Castilla la investidura de abad de Silos (24 de enero de 1040).

Durante 33 años restaura el monasterio, reúne una numerosa comunidad, administra y amplía el patrimonio, interviene en la vida política, eclesiástica y religiosa de la región, da nueva vida al *scriptorium* y, posiblemente, proyecta el maravilloso claustro románico. Muere el viernes, 20 de diciembre, de 1073.

Con Santo Domingo, Silos deja de ser un oscuro cenobio, perdido en el extremo oriental del valle de Tabladillo, y se convierte en el monasterio más famoso de la región y, en algún aspecto, de España; aumentando en proporciones insospechadas su predominio civil, eclesiástico y, sobre todo, económico.

Debido a esta situación financiera desahogada, los abades de finales del siglo XI y de la segunda mitad del XII y principios del XIII emprendieron grandes construcciones en los edificios claustrales. Así vemos nacer, a finales del siglo XI, las galerías E y N del claustro inferior, con sus mágicas esculturas y ornamentaciones; y a mediados del siglo XII, hasta principios del XIII, el otro ángulo del claustro inferior, formado por las galerías W y S, más todo el claustro superior. También por este mismo tiempo se reconstruye y agranda el monasterio con sus pabellones o crujías del W, con sus dos

6

plantas que forman la recepción y hospedería del monasterio; y se amplía la Iglesia mozárabe, restaurada por Santo Domingo: por el E se le añade un gran crucero, con tres ábsides y dos absidiolos, con una cúpula semiesférica en el medio de la cruz; por el lado N se le anexiona el pórtico; por el W se construyen dos tramos más.

Es famosa hoy, en todo el mundo, la escuela de copistas y de miniaturistas de Silos, de los siglos XI-XIII. Gracias a los trabajos largos y delicados de estos hombres, técnicos de la grafía visigótica, la biblioteca de Silos prospera sin cesar. Un copista del siglo XIII podrá recopilar un catálogo de 105 títulos y transcribirlos en el folio 16 del manuscrito, del siglo XI, de las Etimologías de San Isidoro (hoy en la Biblioteca Nacional de París): «Estos son los libros de la capiscolía...».

Más aún, se nos han conservado los nombres y obras de tres autores, monjes de Silos: *Grimaldo*, de la segunda mitad del siglo XI, con su *Vita beati Dominici*;

*El Silense*, historiador anónimo del siglo XII, con su *Chronicon Silense*, y Pedro Marín, el cronista local, que, desde 1232 a 1293 narró los *Miraculos Romanzados* que obraba Santo Domingo en favor de los cautivos cristianos presos en las cárceles de los musulmanes.

Como muchos de los monasterios medievales, Silos tuvo su escuela monástica, en la que se impartía la ciencia y las letras a jóvenes estudiosos, entre otros —según tradición— a Domingo de Guzmán.

Junto a los arquitectos, escultores, calígrafos, miniaturistas y escritores, encontramos a los orfebres, con su taller de orfebrería, de esmaltes y de eboraria.

Con la obra artística corrió pareja, en Silos, la obra social-benéfica. Y así el monasterio fundaba en esta época un hospital, situado en el plano inferior S de la actual iglesia de San Pedro. Y extramuros de la villa, en dirección W, se levantaba un leprosario para cobijar a los aquejados de este mal en toda Castilla.

No podemos olvidar a la comunidad.

4. *Fragmento visigótico del monasterio primitivo de Silos.*

alma y mano de toda esta variada actividad: el biógrafo de Santo Domingo, Grimaldo, nos habla de un grupo muy numeroso de monjes, que, con ligeras oscilaciones, se mantuvo durante estos dos siglos y medio. Ella fue la que realizó ese fenómeno monástico, cultural, artístico, social, espiritual.

*Siglos de decadencia*, XIV y XV.—En el siglo XIII, a finales, se observan ya factores y signos que presagian el paso hacia una era menos floreciente y, en ocasiones, de franca decadencia: disminuyen las vocaciones monásticas benedictinas; decrecen las peregrinaciones al cuerpo de Santo Domingo, lo que supone una disminución de los ingresos económicos, de prestigio y de influencia; grandes y prolongados pleitos resquebrajan el patrimonio monasterial y complican la administración financiera; luego, el monasterio pasa de la situación de centro de las benevolencias y larguezas reales, a objeto de la codicia y rapiña de los

magnates y de los nobles; además se sublevan los colonos que trabajan las granjas lejanas; en 1384, los edificios claustrales sufren un asolador incendio que hace que durante bastantes decenios el esfuerzo de la comunidad se centre en la restauración del inmueble afectado; finalmente, el abad Francisco de Torresandino (1455-1480), aunque involuntariamente, introduce en Silos el régimen de los abades comendatarios, que durará fatalmente hasta 1512, año en que Silos se adhiere a la Congregación benedictina de Valladolid.

*Época moderna, hasta la exclaustración,* 1512-1835.—La época moderna de la historia de Silos es una línea continua de normalidad, con algunos tiempos fuertes, marcados por grandes personalidades, algunas excepcionales, en el terreno intelectual o administrativo, como el arzobispo Antonio Pérez y los eruditos Liciniano Sáez y Domingo de Ibarreta, o el emprendedor abad Baltasar Díaz, cuyas decisiones de tipo constructivo han variado el aspecto medieval del recinto del monasterio y de sus edificios y le han dado un carácter neoclásico del gusto del siglo XVIII. En síntesis, se puede afirmar que Silos desempeñó, en lo espiritual, en lo cultural y en lo administrativo, un papel destacado, airoso —aunque no de primera línea— en la vida de la Congregación de San Benito de Valladolid.

*Construcciones:* El prior Diego de Vitoria (1512-1529) concibió la idea de sustituir la iglesia románica por una moderna. La situación precaria de las finanzas no se lo permitió. Era un primer intento que cristalizó en el siglo XVIII.

Por fines ascéticos, de aislamiento, el abad Alonso de Figueroa (1578-1584) y uno de sus sucesores, Alonso de Belorado (1598-1601), emprendieron la construcción de la cerca o *gran muralla* que rodea el jardín del monasterio, con remates almenados, y enlazando por el lado S con la antigua muralla de la villa.

El arte clásico hace su entrada en Silos con la actual *sacristía,* construida en el trienio de gobierno del abad Pedro de la Cueva

(1595-1598), aunque su bóveda se reconstruyó de 1789 a 1793.

En 1630 se comienza la ampliación del monasterio-vivienda medieval por la zona del actual ángulo SE, doblándole en el S con una crujía que se convierte en comedor, en la planta baja, y en dormitorio, en la primera planta. Las obras se interrumpieron y se continuaron en 1660 y 1677, por la fachada E.

El siglo XVIII significará en Silos un espíritu emprendedor en lo que se refiere a la ampliación o renovación de los edificios claustrales: de 1729 a 1731, se levanta la escalera central o de los leones. Se debe a la iniciativa del abad Baltasar Díaz. El también concibe el proyecto de doblar los edificios monasteriales, en torno a un segundo claustro de la época. Así se originan de 1729 a 1739 las cuatro alas que circundan el llamado patio de San José, o claustro neoclásico, con doble crujía cada una, y la fachada W como nueva entrada. Continúan los trabajos y el proyecto del P.B. Díaz, los abades Isidoro Rodríguez (1733-1737) e Isidoro Quevedo (1737-1741). Al final del cuadrienio primero de gobierno del P. Baltasar, en 1732-1733, tiene lugar la construcción de la capilla de Santo Domingo, sobre la base de la antigua sala capitular. Pero la empresa renovadora neoclásica se iba a consumar con el derribo de la iglesia románica y su sustitución por la actual, neoclásica, levantada de 1751 a 1792, a base de unos planos del gran arquitecto Ventura Rodríguez.

*Cultura.*—El incremento y difusión que adquiere la cultura en la época moderna se refleja también entre los monjes silenses. Son sus principales representantes el P. Jerónimo Nebreda, el P. Antonio Pérez, el P. Gaspar Ruiz de Montiano, el P. Juan de Castro, el P. Sebastián de Vergara, y, sobre todo, los PP. Liciniano Sáez y Domingo de Ibarreta.

*Disolución de la comunidad.*—El 17 de noviembre de 1835, para cumplir los decretos de exclaustración de Mendizábal, la comunidad de Silos se dispersaba para no vol-

**7.** Muerte de Santo Domingo, *lienzo de Juan Ricci.*

verse a reunir. Así finalizaba una etapa secular de vida ininterrumpida desde Fernán González hasta esta fecha.

*Exclaustración: Silos, abandonado de 1835 a 1880.*—Silos, que había logrado salvar su tesoro artístico y literario de la rapiña napoleónica, gracias a la astucia del abad Domingo de Silos Moreno, perdió casi todas las alhajas de su iglesia, de sus museos, de su archivo y de su biblioteca durante los cuarenta y cinco años de abandono que siguieron al decreto de desamortización de Mendizábal. Una parte mínima de ese ajuar enriquece en la actualidad el Museo Provincial de Burgos, el Museo Británico, la Biblioteca Nacional de París... Poco se ha recuperado para el monasterio.

*Restauración,* 1880.—Imposibilitada para vivir en su patria, a consecuencia de la Ley de Asociaciones promulgada por el Gobierno francés en marzo de 1880, una colonia de monjes de la abadía de Ligugé (Vienne), encabezada por un monje sagaz e inteligente, de Solesmes (Sarthe), Dom Ildefonso Guépin, acabó refugiándose en Silos el 18 de diciembre de 1880. Su llegada fue providencial, y preservó a Silos de una ruina total y definitiva, semejante a la que sepulta hoy al monasterio hermano y vecino de Arlanza y a tantos otros, centros ilustres de la cultura y de la espiritualidad medieval y moderna de nuestra patria.

Volvía a renacer la vida. Una vida nueva, pujante que ha hecho de Silos un centro ilustre de espiritualidad y de cultura.

Se logró primeramente reunir parte del disperso archivo, que ahora consta de un fondo constituido por *documentos* (publicados los más antiguos, siglos x al xv, por Dom Mario Férotin en su *Recueil des chartes de*

**8.** *Planta de la iglesia, según dibujo original de Ventura Rodríguez.*

*l'abbaye de Silos)*; por el Archivo Oficial de la Congregación benedictina de Valladolid; por Libros diversos de administración de los siglos XVI-XIX; y por obras manuscritas que no llegaron a editarse, de los siglos XVI-XIX; y, sobre todo, por 14 manuscritos, de los siglos X al XIV.

A la vez, también los Padres restauradores recogieron un lote de libros impresos, resto de la antigua biblioteca, existente en los despachos parroquiales del cura de la villa, que habitaba el ángulo SW de la planta primera del monasterio, y fueron agregando constantes adquisiciones que han dado por resultado la actual biblioteca de unos 70.000 volúmenes, que ha posibilitado la labor investigadora que ha llevado a cabo y sigue realizando la comunidad benedictina de Silos. En este campo han sobresalido el citado P. Mario Férotin, el P. Luciano Serrano, el P. Mateo del Alamo, Fray Justo Pérez de Urbel...

La comunidad de Silos ha sentido, en esta última etapa de su historia, una necesidad constante de propagar el ideal benedictino y ha fundado con monjes suyos nuevas casas en España e Hispanoamérica: San Juan de Dios y San Rafael, en Méjico, D. F., en 1901; San Benito de Buenos Aires, Argentina, en 1914; Santa María de Estíbaliz, Alava, en 1923; Santa María de Montserrat, en Madrid, en 1926; San Salvador de Leyre, Navarra, en 1954; Santa Cruz del Valle de los Caídos, Madrid, en 1958.

En estos últimos decenios se ha afanado por renovar los edificios monasteriales, sin modificar el carácter de la época en que se originaron. Así, en 1934 se desenfoscaba el brazo S del crucero de la antigua iglesia

**9.** *Corte longitudinal de la iglesia, según el original de Ventura Rodríguez.*

**10.** *Interior de la iglesia desde los pies.*

románica. En 1958 el claustro recobraba su original esbeltez arquitectónica, con la desaparición del muro o antepecho que se colocara siglos antes, con fines prácticos, pero que quitaba al conjunto del monumento la maravillosa airosidad de que le dotara el arquitecto que le proyectó en

sus orígenes. Del 22 de enero de 1963 al 31 de mayo de 1967 se renovaba el aspecto de la iglesia neoclásica, haciendo desaparecer el enlucido de cal y arena o yeso que la recubría íntegramente, descubriendo así la piedra de sillería picada original, adaptándola al mismo tiempo a las nuevas leyes litúrgicas promulgadas por el Vaticano II. En 1965 se preparó para museo medieval la planta baja de la antigua hospedería (durante los últimos siglos bodega de vino), y en 1968 se instalaban en ella las piezas de orfebrería y escultura que se salvaron del naufragio de la exclaustración. En estas mismas fechas se trasladaba y exponía la Farmacia del siglo XVIII, con su laboratorio, biblioteca y botamen (recuperada en 1927, después de su enajenación forzosa durante la exclaustración y primeras décadas de la restauración). Desde 11 de febrero de 1970 a 10 de julio de 1971, se ha adaptado para hostería monástica y para recepción toda la crujía W del monasterio, añadiendo el ángulo NW esbozado pero interrumpido desde el siglo XVIII. El 11 de marzo de 1971 se comenzaba la reparación de la crujía S del monasterio, asolada por el incendio de la noche del 21 al 22 de septiembre de 1970. En esta última obra han cooperado eficazmente el Ministerio de Hacienda y el de Educación y Ciencia, a través de la Dirección General de Bellas Artes.

El monasterio de Silos, que ha desarrollado una misión eficaz en el campo artístico, cultural y espiritual, durante los siglos medievales y modernos, sigue representando un papel airoso en el momento cultural y eclesial de nuestra época, dispuesto a continuar su vida en el futuro, recordando y deseando superar las glorias del pasado.

\* \* \*

## LA IGLESIA NEOCLASICA

La actual iglesia de Silos se halla emplazada en la misma área que ocupaba anteriormente el templo románico, del cual quedan algunos restos en la cripta. Fue proyectada por Ventura Rodríguez y dirigida en su ejecución por su discípulo y ayudante Antonio Machuca. Se colocó la primera piedra el 21 de octubre de 1751 y se inauguró el 8 de septiembre de 1792.

Se trata de una construcción neoclásica, de notable sobriedad, esbelta y sencilla en la sucesión y combinación de líneas arquitectónicas y decorativas; de una elegancia y majestad verdaderamente clásicas.

El plano solar consta de una gran elipse, en dirección longitudinal EW, con eje mayor de 43,50 m., cortada en la mitad para formar el crucero o brazo trasversal, de 25,85 m. de longitud. Yuxtapuestas, tiene otras cuatro elipses, que forman las cuatro capillas laterales. En el ábside E, o cabeza de la elipse mayor, se ha colocado la entrada; en cambio el ábside W de la elipse mayor se ha dedicado a capilla principal o presbiterio. Cuatro grandes arcos, que interrumpen la gran elipse central, dan acceso a las capillas laterales; lo mismo que cuatro arcos menores que se han colocado en diagonal y parten de los muros que, al mismo tiempo que suavizan la formación de la cruz, convierten en octógono la convergencia de la elipse mayor con el brazo trasversal de la cruz.

El alzado es una aplicación perfecta de la ley de proporciones del canon clásico. Primeramente, hay un zócalo o plinto, sobre el que se asientan las basas de las columnas. Luego, los muros se levantan 6,33 m., donde les corta la cornisa menor, que señala la altura de los muros de las capillas; siguen, después, hasta la cornisa mayor, que rodea la elipse central y el crucero, elevándose todo este conjunto de plinto-muros-cornisa 10 m. De la cornisa mayor arrancan, en la convergencia de la gran elipse y del brazo trasversal de la cruz, los cuatro arcos torales y se levantan hasta una altura de 5 m, a partir de la citada cornisa. Al nivel superior de los arcos torales se desarrolla la bóveda acañonada que cubre los dos brazos E y W de la elipse central, perdiéndose en la concha de los

**11.** *Sepulcro actual de Santo Domingo.*

dos respectivos ábsides. Finalmente, desde los arcos torales la cúpula que cobija el octógono central se eleva otros 5 m. (Aunque, de hecho, en la actualidad, da la impresión de arrancar de la cornisa, interrumpiendo su desarrollo los cuatro arcos torales). Toda la iglesia es de piedra caliza, de las canteras

15

de Silos, de sillería tallada en el zócalo inferior y picada en los muros. Las bóvedas y cúpulas son de piedra toba.

Aunque hemos afirmado que es obra del arquitecto D. Ventura Rodríguez; sin embargo, en el curso de la construcción sus proyectos sufrieron fundamentales transformaciones. Se suprimió el zócalo en que se debían apoyar las bóvedas y la cúpula, lo que ha restado airosidad a la parte superior, a la cornisa mayor. Se eliminó prácticamente la gran cúpula, de 52 m., y se sustituyó por la media naranja actual, achatada y sin sentido de cúpula clásica.

Se prescindió del pronaos o pórtico de entrada (incluso se había colocado la puerta al N, hasta 1966). En la estética externa, se eliminó la segunda torre proyectada por Ventura Rodríguez, y no aparece la gran cúpula como eje y centro del conjunto.

En el archivo de Silos se conservan aún los cuatro planos del arquitecto: a) el de los cimientos, firmado en Madrid, el 18 de octubre de 1750; b) el plano solar; c) el alzado, con la fachada E; d) un corte longitudinal en alzado; los tres últimos firmados también en Madrid, el 31 de agosto de 1751.

*Mariano Palacios, OSB*

# SILOS: EL CLAUSTRO

*Datos*

Uno de los monumentos más atractivos y a la par más enigmáticos de nuestro arte románico es el claustro de Silos. Los datos que sobre su fecha conservamos son tan escasos y confusos que han provocado polémicas muy vivas entre los especialistas.

Santo Domingo de Silos muere en 1073, después de restaurar y edificar parte de la iglesia del monasterio. Una larga inscripción, incompleta hoy, figura sobre el cimacio de uno de los capiteles del claustro, explicando que allí estuvo enterrado el santo desde su muerte. Se supone que la inscripción es conmemorativa, repitiendo una anterior, como ocurre con otras aquí conservadas. En 1088, Fortunio, gran abad, sucesor de santo Domingo, consagra la iglesia en presencia de prelados hispanos y franceses. Posiblemente poco después, se comenzaría la construcción del claustro.

La obra duró tiempo. En 1158, entre los gastos normales del monasterio, se cuentan los del claustro, lo que hace suponer que estaba en obras. Pocos años después, en 1175, en un acuerdo habido entre Silos y el cercano monasterio de San Pedro de Arlanza, firma entre los monjes silenses un maestro Dominicus, calificado de «operarius». Ya en el siglo XIII, tenemos noticia de que Alfonso X el Sabio tenía por costumbre, en las numerosas visitas hechas al monasterio que siempre favoreció, colocarse en un sitio determinado del claustro alto. A estas alturas debía estar terminado.

*Descripción*

El claustro no es cuadrado. Sus lados no se cortan en ángulo recto. Además el número de sus arcos no es el mismo en cada cara. Cabe suponer la existencia de edificios anteriores que condicionaran la forma irregular. Obras recientes han puesto al descubierto un pequeño edículo del que se tenían noticias, que centraría el claustro, si éste hubiera tenido el mismo número de arcos en cada lado. Esto quiere decir que hubo cambio, además, del plan primero.

El monasterio gozó de fama cada vez mayor y fue favorecido por reyes y otros altos personajes, especialmente en la segunda mitad del siglo XII y principios del siguiente. Es entonces cuando debe cambiarse la modesta idea primitiva por la actual.

Otra particularidad estriba en sus dos pisos, caso excepcional dentro del románico. El segundo debió comenzarse dentro del siglo XIII. En el piso bajo, las cuatro esquinas del cuadrilátero se adornan con pares de relieves. La parte más antigua la forman las alas E y N. Allí, los fustes de las columnillas que soportan los arcos, son dobles y separadas. Se hinchan en su parte media con notable énfasis. En el resto del piso bajo, las columnas tienen los fustes cilíndricos. Aproximadamente en el centro de cada lado, hay un haz de cinco columnas en vez de las dos normales. En el lado W, el último posiblemente en ser construido, los fustes se inclinan como si fueran torsos, tal como puede verse en obras tardías.

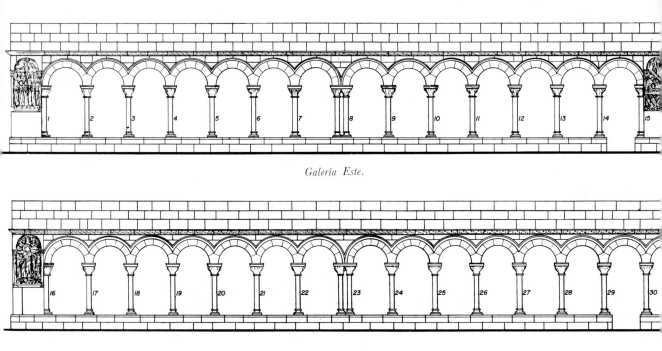

*Galería Este.*

*Galería Norte.*

En España, en el claustro de San Pedro de la Rúa en Estella y en el paso al antiguo claustro en la catedral de Burgo de Osma.

### Maestros

Una de las tareas que revisten mayores dificultades en el románico, es descubrir la personalidad de un escultor o pintor. No poseemos datos que nos sirvan de guía. Además, las diferencias de estilo son muy pequeñas. No interesaba ser original.

El maestro excepcional y único, ajeno a esta ley, es el que primero trabaja, posiblemente a fines del siglo XI y parte del siguiente. Contrariamente a lo que suele ocurrir, es hombre de poderosa personalidad. Realiza seis relieves: *Ascensión*, *Pentecostés*, *Entierro y Marías ante el sepulcro*, *Descendimiento*, *Discípulos de Emaús* y *Duda de Santo Tomás*. Es autor de todos los capiteles de las alas N y E y de algunos del lado W. En los relieves, las curiosas figuras danzarinas con piernas cruzadas de forma inverosímil, el modelado de rostros, los modos convencionales de hacer las barbas, unidos

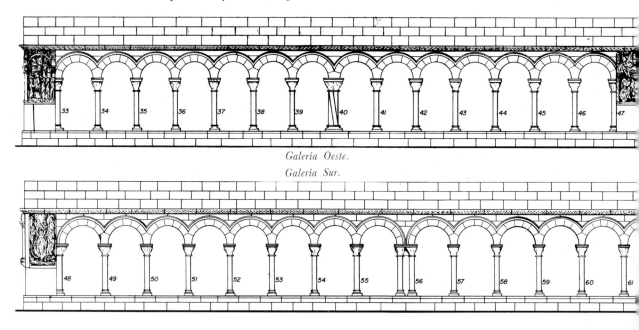

*Galería Oeste.*

*Galería Sur.*

**12.** *Alzados esquemáticos del claustro (según P. Román Sáiz).*

**13.** *Panorámica del claustro.*                    (Foto Sicilia).

a otros motivos, se relacionan con las esculturas de Moissac y Souillac.

Pero los capiteles pertenecen a otro mundo. Tan extraños y nuevos son, es tan difícil encontrar antecedentes, que las teorías más sorprendentes han intentado explicarlos. La más antigua, supone autores de la maravilla a unos esclavos musulmanes, de los muchos que sabemos que hubo en el monasterio. Pero, ni la semejanza con otras obras musulmanas de marfil es tan grande como se ha dicho, ni sabemos de escultores entre ellos que trabajaran entonces la piedra, menos con temas figurativos. Hay quien piensa que el escultor de los capiteles, a excepción del que representa los 24 ancianos, es distinto de los relieves. No se puede desechar la hipótesis, aunque sorprende la coincidencia de dos figuras geniales trabajando al tiempo en el mismo lugar.

Los restantes maestros pertenecen al último románico. La mayor parte de los capiteles son del que realizó el relieve con el *Arbol de Jesé.* Usa temas más comunes al románico. Debe trabajar en la segunda mitad del siglo XII. Ejerció una verdadera fascinación en la provincia y aún en otras. Su huella se puede seguir hasta Soria. Sin embargo su valor es menor. Es un buen escultor. Tal vez pueda atribuírsele el tímpano que hoy se conserva en el museo y que procede de la puerta lateral de la desaparecida iglesia románica.

Otra obra maestra destaca aún: el relieve de la *Anunciación.* Su autor está muy cerca del que trabaja en la Cámara Santa de Oviedo. Su estilo revela tanto recuerdos románicos como anticipaciones del gótico. Debió hacer, en esto fue menos afortunado, algunos de los capiteles del lado W. Quizá parezca excesivo buscar más escultores después de lo dicho al principio, pero el capitel cuádruple que apoya en los fustes torsos parece obra excepcional de un exquisito artista, cuya huella se puede seguir en algunos de los capiteles más finos de la Sala Capitular del monasterio de Santa María de Aguilar de Campoo, hoy en el Museo Arqueológico Nacional.

**14.** *Interior de la galería Este del claustro.*

El piso alto es muy inferior en calidad. Se han copiado con poca gracia, capiteles del piso bajo, aunque se añaden algunos de propia invención.

El claustro centra la actividad monacal. Todas las dependencias se relacionan entre sí a través de él. Como acceso a la iglesia, había una puerta: la de San Miguel, en el muro S de la misma, próxima al lugar en que hoy está la Virgen de Marzo. Otra se conserva hoy: la puerta de las Vír-

genes. Los escultores que la adornaron no tienen nada que ver con todos los descritos.

### Relieves del primer maestro

La lectura del claustro puede hacerse comenzando por el vértice E-S. Los dos relieves, próximos en composición y menos evolucionados que los restantes, se dedican a la Ascensión y a Pentecostés. Tienen la forma general de todos. Se enmarca la

intelectual y simbólico. Generalmente no
se busca emocionar a un posible espectador.
Si acaso, ilustrarle. Tampoco es realista.
Sin embargo, los grandes maestros cuidan
otros aspectos, como el compositivo. El de
Silos, en la Ascensión sutilmente resalta la
idea del tema. Aparentemente, las figuras
se disponen de una manera monótona en
dos pisos, pero puede verse que el grupo
de arriba está compuesto de seis personajes,
mientras abajo hay siete, cuando lo lógico
sería que el grupo de apóstoles se dividiera
en dos pisos iguales y en el alto estuviera
además la Virgen. Así el escalonamiento
con números decrecientes marca una ligera
tendencia ascensional. Este efecto se aumenta: las ondulaciones que ocultan el
cuerpo de Cristo, están dispuestas de modo
que el vértice esté junto a la cabeza, diri-
giendo ópticamente la atención hacia ella
y el sentido hacia arriba. Unense a esto
las miradas altas de apóstoles y Virgen
por un lado y de ángeles por otro. Con

15. *Vista panorámica. Claustro y ciprés.* (Foto Sicilia).

escena con dos columnillas de fuste finísimo
y capitel próximo al corintio. Sobre ellas,
descarga un arco de medio punto. El
sistema no es nuevo. En lo español próximo,
puede verse en marfiles leoneses y en la
miniatura mozárabe. La forma del arco
condiciona en la parte alta la labor del
artista, que tiene que deformar figuras o
colocarlas de modo que cubran una superficie curva.

El románico es, en la plástica, un arte

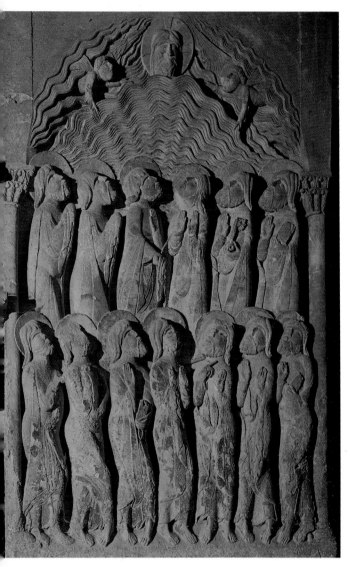

**16.** *La Ascensión.* (Foto Francisco Díez).

estos medios se ha conseguido marcar la idea de ascensión.

Otra particularidad que llama la atención es la forma de presentar a Cristo. Lo normal es que se vean los pies o el cuerpo entero, no la cabeza únicamente. Se diría que el artista sacrificó la iconografía al uso en función de la composición simbólica.

La manera de hacer el relieve de Pentecostés es muy semejante, pero de nuevo el artista ha tenido la habilidad de introducir finas diferencias aconsejadas por el tema, tanto como por el intento de no aburrir al repetirse. Los dos ritmos básicos ahora son los de ascensión por parte de los humanos y de descenso por parte del Espíritu de Dios. Por eso las miradas de todos se dirigen hacia arriba y sicológicamente nos obligan a mirar así también a nosotros. Además, aunque se dispongan los apóstoles en dos grupos de seis, la Virgen, colocada en un plano más alto, como vértice, aumenta esta sensación.

Sin embargo, el vértice de las ondulaciones de la nube está hacia abajo y de él brota la mano de Dios, apuntando su dedo en la misma dirección. En España, la venida del Espíritu Santo se puede representar de muchos modos, éste entre ellos. La mano de Dios se ve continuamente en nuestros manuscritos. En los Códices del Comentario al Apocalipsis del abad Beato de Liébana, iluminados desde el siglo IX, al menos, hasta el XIII, la Mano sale de la nube para indicar la palabra de Dios. A veces, es el caso del magnífico ejemplar que se hizo en el monasterio y que hoy se conserva en el Museo Británico, al lado está la palabra «vox». Indica también la potencia, el poder del Señor. Otras veces se liga a su nombre. El Libro de los Testamentos de la Catedral de Oviedo es un manuscrito que contiene privilegios concedidos a ésta. El comienzo del texto de cada uno de ellos es «In nomine Domini», en el nombre del Señor. La i inicial es un rectángulo en cuyo interior bendice la mano de Dios.

Tanto en el relieve anterior como en éste, uno de los apóstoles es Pablo. Siempre está aunque sea un dislate. Pero esto no preocupaba a una época tan acrítica en ciertos aspectos. Lo veremos aparecer varias veces y aún haciéndole resaltar de los demás.

Como en los restantes relieves, el ritmo danzarino de las figuras responde a los mismos convencionalismos. Se ha señalado la semejanza con Moissac y Souillac. También con unas parejas de santos en Toulouse. Tal vez no haya que ir tan lejos. En el ejemplar de Beato que se iluminó en Silos a fines del siglo XI, en una miniatura del infierno, el arcángel Miguel cruza sus pies de la misma manera.

La diferencia con los dos relieves que siguen es explicable por el paso del tiempo. La importancia concedida aquí a la geometría, estaba insinuada claramente en los anteriores.

Cuando se entra al claustro desde la iglesia, a través de la puerta de las Vírgenes, la vista tropieza de inmediato con el complicado y espléndido relieve en el que se funde el Santo Entierro con la Visita de las mujeres ante el Sepulcro. Es el único con dos temas distintos, aunque relacionados. Para separarlos, el escultor ha recurrido a dividir las superficies por medio de líneas rectas. La tabla con paño sobre el que descansa el cuerpo marca una horizontal. La columna de la izquierda forma ángulo recto con ella. La losa del sepulcro viene a ser la hipotenusa del triángulo rectángulo. Abajo, la inclinación de los soldados que están en los extremos es casi paralela a la de Nicodemo a la izquierda y a la losa, a la derecha, sugiriendo un rectángulo. Estos ritmos se rompen en el grupo vertical de las Santas Mujeres presentes ante el Angel.

El artista románico no pretende conmover. A lo que no renuncia es a obtener una hierática solemnidad que desaparecerá en buena medida con el estilo. En Silos, además, se complace en el acabado lineal de ciertos detalles, en la sutileza de modelado de otros. Las vestiduras del ángel parecen muy finas y se pegan de tal modo al cuerpo que el volumen de la pierna se marca neto cruzado por finas líneas que son los pliegues.

Entre las curiosidades iconográficas que presenta, hay una muy sugestiva. Arriba, en el arco, una inscripción larga recoge un verso: «Nil formidetis, vivit Deus, ecce videtis». Nada temáis, Dios vive, vedlo. No es texto estrictamente evangélico. Varios manuscritos procedentes de Silos se encuentran en la Biblioteca Nacional de París. Entre ellos uno litúrgico sin especiales adornos, salvo una miniatura hecha a pluma, con la Visita de las santas mujeres ante el

**17.** *Pentecostés.* (Foto Francisco Díez).

sepulcro. En el arco se puede leer la misma inscripción. El dibujante, que ha dejado una sola muestra de su buen oficio, trabajó en una Biblia de San Isidoro de León, hecha en 1162, copiando otra anterior.

Pérez de Urbel, intentó relacionar esta inscripción con el drama litúrgico. En el siglo X, en Inglaterra, se conocía uno que escenificaba justamente el tema de la Resurrección, apoyándose en la visita de las santas mujeres al vacío sepulcro. Dentro de la época románica conservamos algunos

18. *Entierro de Cristo y Ma-rías ante el sepulcro.*

19. *Descendi-miento (deta-lle).*

**20.** *Discípulos de Emaús.*     (Foto Francisco Díez)

la escultura románica, igual que la pintura y la miniatura, hace que se recurra a signos que permiten lecturas seguras. En el Descendimiento, la escena debe colocarse sobre un monte, el Calvario, que juega papel significante de primer orden. Los signos diferenciadores de los montes, ya en la miniatura mozárabe, son ondulaciones, a veces unas sobre otras. Al apoyar los personajes los pies sobre cada una de ellas, se produce un efecto de desequilibrio notable.

El monte era importante. Una antigua leyenda admitida en el arte desde tiempos atrás, decía que Adán había sido enterrado en el mismo lugar que serviría de enterramiento a Cristo. Con ello se cumpliría una promesa de redención que se le hizo. Al morir se colocó en su boca una semilla de la que brotó un árbol. Después de muchas dificultades que tuvieron por protagonistas, entre otros, a la reina de Saba y a Salomón, sería utilizado como madero de la cruz de Jesús. Por eso, en la parte baja, deteriorado, hay un sarcófago cuya tapa está abierta y de él surge una cabeza y unas manos, apenas visibles hoy. Un letrero medio borroso grabado en la piedra dice: ADAM. La cruz es un árbol, con las ramas cortadas en su nacimiento.

La figura de Cristo centra la atención del relieve. El desnudo es convencional. Las costillas se marcan como incisiones, sin modelado, y los brazos rígidos, casi cilíndricos, destacan sus músculos por el mismo procedimiento. Su tamaño, mayor que el de los demás, se explica dentro de la perspectiva jerárquica que recuerda al mundo bizantino. Los ojos cerrados indican la muerte, pero ningún rictus de dolor deforma la cara.

El tema se presta a la demostración de emoción en la Virgen, pero el románico no se interesa por ello. María coge el brazo sagrado de Cristo con las manos veladas, signo de respeto que viene del mundo bizantino. Si fuera posible hablar del dolor cabría pensar más en el gesto del cuerpo, que en los rasgos de la cara. Las figuras femeninas positivas van con la cabeza ta-

más que añaden escenas de carácter narrativo a la sobriedad primitiva. En algún caso se conserva incluso la música. Pero ninguno de los textos coincide con el silense. Esto permite sugerir la posibilidad de existencia de un drama propio del monasterio del que se ha perdido el manuscrito, quedando como reliquia el repetido verso del relieve y la miniatura.

El sentido no realista que informa toda

26

**21.** *Duda de Santo Tomás.*

**22.** *Jinetes en lucha montados sobre ciervos (capitel n.º 10).*

**23.** *Leones enredados en tallos (capitel n.º 13).*

**24.** *Arpías y leoncillos (capitel n.º 14).*

**25.** *Aves afrontadas (capitel n.º 15).*

pada. Las tocas de la Virgen aquí, en las mujeres ante el sepulcro, Ascensión y Pentecostés son propias de una moda muy arraigada en España entonces.

En la parte alta se impone el semicírculo del arco, al que deben someterse el grupo de ángeles y personificaciones de sol y luna. Los ángeles, como manifestación de gloria, salen de las nubes. Desde muy antiguo hicieron acto de presencia en el Descendimiento, el sol y la luna. Es el duelo de la naturaleza ante la muerte de Cristo, pero también son los dos Testamentos. El sol, masculino, está a la diestra. La luna, femenina, es el Antiguo.

En el relieve del encuentro de Jesús con los discípulos de Emaús se cambia la escala. El artista prefirió componer un cuadro más monumental a base de tres personajes únicamente. Con una extraordinaria libertad, se desprende del yugo del marco y coloca la cabeza de Jesús desbordando el arco de medio punto, mientras uno de los discípulos apoya su pie fuera de la columna. Todo ello permite al escultor desplegar sus conocimientos plásticos. En Jesús se distingue con claridad esa perspectiva de jerarquía que caracteriza parte del arte medieval, sin que la desmesura cree una imagen distante de los seres humanos. El relieve es plano, pero sutilísimo de modelado. Al estar en marcha, las figuras se quiebran. Esto y las ondulaciones lineales de los geométricos pliegues, crea ritmos de movimiento.

El brazo derecho de Jesús levantado se relaciona con el del discípulo inmediato y con su mismo pie adelantado. Formando ángulo con ellos, los dos primeros antebrazos, los brazos del segundo apóstol y la cabeza del 1.º, el muslo derecho de Jesús y del primer discípulo y la mayoría de los pies, se disponen en líneas casi paralelas. Estas dos inclinaciones básicas articulan toda la composición, crean el ambiente de camino y resaltan la figura de Cristo.

Suficientemente destacada la figura principal, las barbas de los discípulos son diferentes, llegando a sugerir un modelado más

redondo y blando en el de las barbas rizadas. Unas facciones más enérgicas en el otro. Cada una de las cabezas mira y se ve desde un punto de vista diferente. No es casualidad que el rostro de Jesús sea el de mirada más frontal. Es indudable que es el que más lo requiere en tanto que Dios. Las miradas comunican entre sí a los tres seres, pero están de tal modo dispuestas que crean un espacio cerrado. Cristo mira ligeramente hacia atrás y el último discípulo hacia adelante.

Como motivo, forma conjunto temático con el relieve siguiente: la Duda de Santo Tomás. Se trata de testimonios de la Resurrección. Hay de nuevo un recuerdo del drama litúrgico. Uno, conservado antiguamente en Saint-Benoit-sur-Loire y de una fecha próxima al 1200, describía con detalle el encuentro de Jesús y los discípulos y luego la Duda de Santo Tomás. Un pilar del claustro de San Trófimo de Arlés presenta una similar disposición. Todos los distintivos de Jesús concuerdan con lo exigido en el drama. Pero a la hora de concretar su identificación de peregrino, el escultor ha querido aclarar más y le ha colocado en el zurrón la concha de peregrino a Compostela. Esto habla de la importancia del Camino de Santiago, en auge en esos momentos. También del descuido cronológico. O, más bien, del interés del artista por expresarse con signos inteligibles, aunque no respondieran a la realidad histórica.

Los ojos se han vaciado y rellenado con una pasta negra o un azabache. Con esto se intensifica la mirada y se introduce el color, siempre importante en el románico, pese a lo que hoy pueda parecer.

En la Duda de Santo Tomás, el primer efecto es de obsesiva repetición. Sobre todo en las cabezas y los cuerpos de los 9 apóstoles de la derecha. En grupos de tres, poseen la misma estatura e inclinación de cabeza. Esta, unida a las líneas horizontales sugeridas por los grupos de tres cabezas, conduce la vista a la izquierda, donde está la parte principal. Las líneas inclinadas se rompen justamente al llegar a Cristo, igual que las horizontales.

**26.** *Arpías (capitel n.º 20).*

La idea de jerarquía perspectiva ya manifiesta en el relieve anterior, se aumenta aquí. Al tiempo, la imagen principal adquiere rigidez de icono. Es sorprendente el brazo que sale del costado de Cristo rompiendo aún más la armonía del grupo de la derecha. La ausencia de Jesús es patente en la cara, con la frontal mirada perdida.

Cada uno de los apóstoles está identificado por una inscripción alrededor del nimbo. El apóstol inmediato a Jesús es San Pablo. Es indudable que, bien el artista, bien el que ordenó el programa iconográfico, era consciente de que Pablo no había sido testigo del milagro. Sin embargo, es considerado entonces como pilar de la Iglesia junto a San Pedro. Ambos flanquean la portada del Perdón en San Isidoro de León. Con San Juan y Santiago completan la representación de apóstoles que se contraponen a los profetas del Antiguo Testamento, en el Pórtico de la Gloria de la Catedral Compostelana. Se le resalta por

encima de los demás. Dice su inscripción: «Magnus Sanctus Paulus». Incluso está delante de San Pedro. Es el único que lleva en la mano un rollo extendido con letrero.

A San Pedro se le distingue por la proximidad a Cristo, aunque haya cedido su primer puesto, y por las llaves. Pero el coprotagonista con Cristo es Santo Tomás. Es el testigo y la prueba palpable de la Resurrección. Representa a los que no creen por la fe, sino por los sentidos. El cuerpo y brazo extendido de Cristo lo separan del resto. Una inscripción aumenta la separación: «Tomás, uno de los doce». Así se le nombra en el Evangelio de San Juan, donde Jesús le reconviene por su incredulidad.

Encima del arco que cierra la composición, en vez del muro liso, se ha dispuesto una animada escena. A los lados, unas torrecillas y construcciones con escamadas cubiertas. En el centro, simétricamente colocados, dos parejas haciendo sonar instrumentos músicos. Las tocas de la mujer son indicio casi seguro de su sexo. Uno toca un cuerno; otra, una pandereta. En los dramas litúrgicos generalmente había música. Los actores solían ser monjes o clérigos, aun en papeles femeninos. No era necesario que lo fueran los músicos. Que juglares y danzarinas podían intervenir en la iglesia, lo sabemos en épocas posteriores. Pero también podía ocurrir lo propio en los años en que el gran escultor de Silos labraba este relieve. Es una prueba más de la posibilidad de que en el claustro se haya hecho uso de recuerdos relacionados con dramas litúrgicos.

*Capiteles del primer maestro.*

Difícil es buscar maestros o antecedentes al primer escultor cuando esculpe los magníficos capiteles de los lados N y E. Se buscaron conexiones con la eboraria musulmana española. Hay motivos del claustro en una caja de marfil que, procedente de Silos, se conserva hoy en el museo de Burgos. Temas afines son los de grifos afrontados y ciervos. Pero coinciden con los capiteles de los maestros tardíos, integrados en el románico general.

La forma primitiva de cada capitel es siempre la misma. El bloque original se puede descomponer en dos volúmenes. Uno superior, paralelepipédico. El otro tronco piramidal invertido, cuya base mayor coincide con la del paralelepípedo y la inferior se acomoda a las dimensiones del fuste. Generalmente, todos los capiteles están trabajados en dos planos. Neutro el de fondo. El más adelantado cubre casi toda la superficie con la escultura. El relieve es poco acusado. Al modelado cuidadoso hay que añadir un sentido lineal expresivo y de rara perfección. La repetición del mismo motivo crea distintos ejes de simetría en la mayor parte de las composiciones. Sobre cada capitel descarga un magnífico cimacio decorativo de grandes dimensiones y perfil generalmente curvo.

Los cimacios se adornan con distintos temas preferentemente de ornamentación vegetal, con varios tipos que se repiten. Hay muchos capiteles distintos: Corintios, con animales, o algunos, dos, presentan seres humanos. Varios se repiten con muy pequeñas variantes.

La originalidad de ciertos temas hace más difícil una explicación. Se puede admitir que la mayoría son decorativos. La descripción se hará partiendo del extremo Sur del lado Este, inmediato a los primeros relieves.

El primer capitel está formado por una compleja red de entrelazos que sugieren la forma de cesta. La profundidad con que ha sido horadado por el trépano favorece los efectos de luz y sombra. Se ha copiado en otro capitel hecho por un maestro distinto (33). Por original que parezca no es creación del románico español. El ejemplo más fino es muy anterior: uno copto del siglo VI hoy en El Cairo.

El capitel segundo se repite en dos ocasiones más (15 y 34). El mejor es el del extremo N de la misma galería (15). Cada capitel presenta en una de sus caras un par de aves afrontadas. Las diferencias son mínimas. En el último (34), además de las aves hay unas pequeñas cabezas de monstruo, de las que brotan tallos.

Es característica del románico la presencia de animales. Los Bestiarios son libros que los describen en crecido número. En la Antigüedad se conocían algunos textos descriptivos. Podían explicar tanto costumbres ciertas o falsas, como hablar de animales inexistentes. La Edad Media recogió estos tratados y los moralizó. No es raro ver que una supuesta costumbre convierte a un animal en símbolo de Cristo o del diablo, en alegoría de una virtud o de un vicio. Ya San Isidoro en sus Etimologías da alguno de estos significados. La Clave atribuida a Melitón de Sardes, apologista del siglo II, pero escrita tal vez en el siglo IX, fue otra de las obras más usadas. Luego, Honorio de Autun, Felipe de Thaon y otros, escribieron distintos tratados en los que se incluían Bestiarios. Estas obras circularon por toda Europa y fueron aprovechadas por los artistas.

Por otro lado, llegaban telas de Oriente, persas y musulmanas o marfiles, en los que se dibujaban o esculpían animales afrontados simétricamente ante el árbol de la vida. A veces eran animales fantásticos, como los grifos. Otras, reales, como los leones. Sirvieron de modelo a los escultores. La intención decorativa que dominaba en los objetos orientales, permanecía, y se podía añadir un sentido alegórico.

El románico se llenó de monstruos y animales reales, que invadieron claustros, fachadas, muros pintados y libros iluminados. Nunca la fauna jugó un papel tan sustancial en el arte europeo. Lo que resulta difícil es saber cuándo se usaron como ornamento y cuándo como símbolo.

El claustro de Silos, muy románico en ello, está poblado de animales, pero la dificultad de interpretación es grande. A los animales clásicos del Bestiario se añaden otros de imposible identificación hoy por hoy.

Las parejas de aves de este capitel son de extrema elegancia. La longitud de sus patas y sus cuellos, ha inducido a alguien a identificarlos con avestruces. Sus cuellos se cruzan y, atacándose mutuamente, pican las patas de su oponente. Los tallos que nacen de abajo se retuercen jugando con la incurvación de las alas. ¿Hay algún significado debajo de todo esto? No lo sabemos. Otro capitel del mismo lado (9) presenta composición similar aunque las aves se oponen en vez de enfrentarse.

Diferentes son las aves del capitel siguiente, muy estropeado (3), que se repite casi inmediatamente y en varias ocasiones (5, 22, 35). El más próximo a él es bellísimo. El pico llega al suelo y muerde los artejos de sus mismas patas. Ha desaparecido el tallo. El ábaco o cimacio presenta entrelazos vegetales. El último de la serie (35) posee, sin embargo, un ábaco de los maestros posteriores de perfil recto inclinado y menor finura de talla.

Es frecuente que en el simbolismo medieval los animales sean ambivalentes y aún polivalentes, y adquieran significados opuestos o complementarios, según el contexto. De aquí la dificultad de encontrar el que conviene. Ejemplo de ello lo tenemos

**27.** *Temas usuales con proporción y delicadeza de miniaturas (capitel n.º 36).*

**28.** *Anunciación.*

en uno de los libros más leídos en la Edad Media, los Morales de San Gregorio Magno, comentario al Libro de Job. Al hablar sobre las langostas, dice que según el momento, pueden significar el pueblo judío, el pueblo de los gentiles convertidos, la lengua de los lisonjeros, la Resurrección de Cristo y la vida de los predicadores. Es natural que capiteles como el que presenta la lucha de leones y dragones, resulten poco claros (4).

Los leones se distinguen sobre todo por la melena. Pueden ser figura de Cristo, que es el león fuerte de la tribu de Judá, o del demonio que ruge y devora. El dragón pertenece al grupo de las serpientes. Su poder está sobre todo en la enorme cola. Casi siempre es un animal negativo, el más claro signo diabólico. En el capitel que nos ocupa, el dragón ha metido la cola en la boca de la fiera, mientras muerde su lomo. El león es maligno en grado menor. Mata y devora la carne, mientras el dragón hace lo propio con el alma. Cabe la posibilidad de que no sea un dragón, sino un basilisco, animal de la familia, con cresta de gallo, cuerpo de ave y cola de dragón. Falta la cabeza, que ayudaría a identificarlo.

De nuevo el león, ahora solo, en dos capiteles (6 y 13). En ambos están enredados en tallos que muerden. ¿Simple decoración? Hay casos en los que el ser humano enredado, sin poderse librar, es signo del pecador envuelto en el pecado.

El águila es el animal de la Resurrección. Si el león es el rey de los animales en la tierra, el águila lo es en el cielo. En Silos, el artista ha creado una forma mixta: el águila con cabeza leonada (7 y 30). Supedita todo a la composición. Una de las alas está recogida. La otra se extiende para terminar el capitel. Años más tarde, se esculpía lo mismo en un complejo capitel de Saint Germain des Prés en París.

Hemos llegado a la mitad del lado E. Van siete arcos. Faltan otros tantos. El plan primero suponía cuatro caras, dividida cada una de ellas en dos partes con siete arcos.

El románico, como toda la Edad Media, se sintió atraído por el simbolismo del número. Sin recurrir a las influencias pitagóricas, la Biblia ofrece continuamente ejemplos de tradición mesopotámica. Entre estos números el siete. Es signo de totalidad, es todo y uno.

En el Apocalipsis, la primera revelación de Dios a Juan se traduce en mensajes a las siete iglesias de Asia. En el siglo VIII, Beato, monje de Liébana, en el pequeño reino asturiano, escribe un comentario al Apocalipsis que tendrá gran difusión en España y Francia. Explica que las 7 iglesias de Asia, representan a la Iglesia. Su comentario se ilumina con numerosas miniaturas. Estas siete iglesias pueden explicitarse en un signo: siete arcos. A comienzos del siglo X, en San Miguel de Escalada, cerca de León, se levanta un monasterio mozárabe al que pocos años después se añade un pórtico de siete arcos iniciales. El sentido allí y en Silos, es el mismo. Aquí, al aumentarse el tamaño del claustro se perdió la idea.

En la mitad, quíntuple fuste y capitel adecuado. La cara exterior, estropeada. Es único, no repetido. Presenta tantos inconvenientes como los restantes a la hora de identificar a los animales. El mayor es un ave similar a todas en el cuerpo, pero con el cuello muy largo que se retuerce en torno a la pata y acaba mirando hacia arriba. Recuerda más a las serpientes o a los dragones, que a las aves. Las patas surgen del cuerpo como de una funda. Sobre ellos, de nuevo, los extraños dragones de leonina cabeza (8).

A estas alturas sorprende encontrarse con un capitel que tenga por protagonista al ser humano (10). Dos finos ciervos, tal vez chivos, se tocan por la grupa y levantan la cabeza. Sobre ellos, dos hombrecillos se atacan con denuedo armados de enormes hachas. Junto al Bestiario fantástico existían seres que participaban de naturaleza humana y animal o bien poseían rasgos monstruosos. Vivían en lugares lejanos.

Honorio de Autun, extraño personaje

**29.** *Árbol de Jesé.* (Foto Francisco Díez).

extravagantes. Los Macrobianos, por ejemplo, seres gigantescos que luchan contra animales fabulosos que tienen cuerpo de león y alas de águila, como los grifos. En un pilar francés de Souvigny, del siglo XII, se puede ver un hipópodo, hombre desnudo con pezuñas. En Nevers hay capiteles con el etíope de cuatro ojos. En Vezelay, el tímpano despliega un ciclo de Pentecostés en el que los apóstoles que han sido tocados con el Espíritu se disponen a evangelizar a los más difíciles seres representados a los lados. Entre ellos, unos se atacan con hachas. Algo recogió el artista de Silos. Prescindiendo del por qué simbólico es evidente que está describiendo un mundo de maravillas, exótico, en el que creía.

Pocas veces ha estado tan acertado el escultor de Silos como en el capitel siguiente (11). Los animales se disponen, como las aves vistas: un ala recogida y otra desplegada. El cuerpo se hincha y forma un abultamiento acomodado a la forma del capitel. Un largo cuello se dirige al suelo, pero, sorprendentemente, termina en cabeza de chivo con cuernos y barba. La cola de dragón llega hasta la boca del animal que la muerde. En vez de patas de ave, pezuñas. En el raro híbrido hay una abundante dosis negativa. La cabra y el chivo son animales lujuriosos. El último puede ser signo del diablo. El dragón es maligno. El ave, sin concretar, puede adoptar ambos signos. Duda uno en qué medida se tuvo todo esto en cuenta. En realidad, la impresión es de que prima lo estético sobre lo significante. Apenas hay un recuerdo al mundo animal en el capitel de tallos (12) y hojas: arriba, en el centro y en los lados, una cabeza monstruosa los devora.

La Edad Media, a través de los Bestiarios, mantuvo el recuerdo de ciertos seres clásicos, fantásticos en la mayoría de los casos. Entre ellos, las arpías. Suelen ser dos o, si acaso, tres. Tenían cabeza femenina, cuerpo de ave y garras poderosas. Eran seres negativos, situadas por Virgilio, uno de los autores clásicos más leídos en estos tiempos, a la entrada de los infiernos. Las

del siglo XII, es autor de una obra, «De imagine mundi», reveladora de una notable fantasía mezclada a conocimientos del mundo antiguo. Describe los pueblos más

**30.** *Anunciación, Visitación, sueño de José y Nacimiento de Cristo (capitel n.º 38).*

describe con pálido rostro de doncellas, alas, zarpas y arrojando continuamente excrementos. Eran raptoras de niños y de almas.

El primer capitel que las presenta es uno de los más originales de Silos. Van por parejas, como en el mundo clásico. Debajo del labio les muerde una retorcida ave, cuya cresta recuerda al pavo real. Estas aves tienen presas sus patas en la boca de leoncillos humillados por las ar-

pías. El pavo es signo de eternidad y de las almas. Buscando un sentido alegórico, cabe pensar en una imagen de las almas que se revuelven contra dos seres negativos, la arpía y el león.

Pirámides de animales luchando entre sí y devorándose se encuentran en Souillac y Moissac. Un capitel de Silos presenta (17) tres pisos de águilas, leones y águilas en situación de inequívoca hostilidad. Con esto comienza el segundo lado, el Norte, todavía

37

**31.** *Anuncio a los pastores y huida a Egipto (capitel n.º 38).*

del primer maestro. En él se repiten algunos capiteles de los anteriores y se inventan otros como el presente.

Es lástima que el único capitel ocupado exclusivamente por seres humanos esté tan destrozado (18). Ello no impide que podamos identificar la escena y distinguir por el estilo al maestro de los relieves. Son los 24 ancianos del Apocalipsis. Los ancianos están de pie. El texto del Apocalipsis habla de los tronos, y en los libros miniados, suelen estar sentados. Sin embargo, en algunas pinturas murales, como en la basílica de San Anastasio de Castel Sant'Elia di Repi o en Anagni, ambos en Italia, se les ve en pie. Se incluyen en un contexto apocalíptico. Su misión es glorificar a Dios. El texto dice que llevaban coronas, desaparecidas en Silos, si es que alguna vez existieron. Tocan instrumentos músicos y portan copas con perfumes. Son redomas, clásicas en lo español, aunque derivadas del mundo musulmán. ¿Por qué se colocó aquí este capitel? ¿Existirá en el conjunto algún sentido escatológico que hoy no llegamos a entender?

Hay en este lado del claustro buen número de temas vegetales, algunos repetidos

con variantes. Son derivaciones de capiteles corintios, en los que a los caulículos y hojas de acanto se le añaden piñas y alguna otra forma vegetal. Generalmente existen en ellos unas turgencias y un sentido del relieve ajeno a los anteriores.

Aunque las sirenas vengan del mundo antiguo, con ellas se confundieron una serie de seres malignos nocturnos, como la lamia, con la que se identifica en algún manuscrito del siglo XI. Son seres negativos. Su canto atrae a los incautos a los que devoran. Son imagen de la tentación. En el mundo clásico tienen cuerpo de ave y cara de mujer. Sólo andando el tiempo se convertirán en sirenas peces. Semejantes a las arpías, pueden representarse con pequeñas variantes en un nuevo capitel (20). En parejas, con el largo cabello al aire, signo negativo de seres femeninos en el románico, tienen cara de mujer y cuerpo de ave. Lo que no coincide con las descripciones son los cuernecillos en la frente. En todo caso, son negativos. De la boca brota una serpiente. Es una manera de representar el canto de la tentación por el animal tentador que mejor la encarna.

Llegamos al capitel de las dudas. En el cimacio, la inscripción en la que se indica que allí estuvo enterrado Santo Domingo (23). Hubo una primitiva y, cuando se hizo el actual claustro, se recopió la inscripción. Casos similares pueden verse en otras del claustro. El cuádruple capitel tal vez no resulte tan grato, al incluir temas y cánones de proporción diferentes, según las caras. Reaparecen las sirenas pájaros, los leones, las cabezas monstruosas, aunque en otro orden.

El claustro no debía haber pasado de los siete arcos después del citado capitel. El maestro primero y genial podía haber muerto o desaparecido entonces, pero dejó algunas obras sin terminar que fueron colocadas en la ampliación. Hay dos arcos más que no debían existir. En uno de los capiteles de esta parte añadida se ve a leones enfrentados en dos pisos (31). De estructura similar, es más interesante el último de la galería. Afrontadas por parejas y dispuestas también en distintas alturas, dos tipos de aves. Las de abajo son conocidas. Su cuello no es tan largo, pero lo suficiente para que puedan morderse las patas al doblarlo. Sobre ellas unos pavos comunes o reales (32).

La obra última que dejó el primer maestro es excepcional. Los animales presentados son ya conocidos, pero original es la manera de disponerlos. Se extrema lo que se veía en los anteriores: la inclinación del tronco de pirámide invertido en la parte baja del capitel (36). Los protagonistas vuelven a ser el león y el águila. Los leoncillos

**32.** *Entrada en Jerusalén (capitel n.º 40).*

de la parte alta se revuelven en curva mordiendo su lomo. Es frecuente ver iniciales de manuscritos con perros y leones en esta extraña postura.

*Los últimos relieves.*

Avanzado el siglo XII se termina el claustro bajo. Trabajan varios maestros. A dos de

**33.** *Ultima Cena (capitel n.º 40).*

ellos corresponden los últimos relieves. Ambos glorifican a la Virgen, indicio de goticismo: Anunciación y Arbol de Jesé.

La Anunciación es una obra maestra. Más que de románico se debe hablar de protogótico. Los fustes de las columnillas laterales se adornan con telas que se enroscan en ellos de arriba abajo. Es un detalle de virtuosismo y de recargamiento propio de un cierto barroquismo de fines del siglo XII. Esto mismo cabe afirmar del fondo de telas. El escultor siente el bulto redondo, de modo que todos los personajes que integran el conjunto están concebidos con este sentido. El ilusionismo espacial de los angelillos voladores en la parte alta es ajeno al románico. El modelado cuidadoso de sus cuerpos revela un interés muy notable por el desnudo. Reina una suave alegría y la sonrisa anima las caras. El ángel arrodillado y los dos portadores de coronas, más el dulce aspecto mayestático de la

**34.** *Ciervos entrelazados con tallos carnosos (capitel n.º 52).*

Virgen, configuran una iconografía de tipo gótico.

El convencionalismo de los bucles de los ángeles recuerda a Compostela, donde el maestro Mateo está realizando el Pórtico de la Gloria. Los rasgos de la Virgen son similares a los de los apóstoles de la Cámara Santa de Oviedo. Ojos muy abultados, cejas en ángulo, tipos de nariz, todo indica que, caso de no ser el mismo, el maestro de la Anunciación de Silos y el de la Cámara se conocían.

El Arbol de Jesé, como tema parece que nace en Inglaterra a principios del siglo XII, glorificando la genealogía de Cristo. Más adelante, a medida que avanzamos en el siglo XII y el culto a María se va extendiendo, se cambia el sentido primitivo y se resalta en el Arbol el papel de la Madre de Dios. A esta etapa pertenece el relieve silense.

Es el más estropeado de todos. Tal vez no haya sido nunca de la calidad de los anteriores. El escultor que lo realizó trabajó mucho en Silos, pero no es el autor

**35.** *Claustro superior, interior de la galería Oeste.*   (Foto Sicilia).

de la Anunciación. Es artista del románico avanzado. La composición no es afortunada. El tema se prestaba a la miniatura alargada o al fuste de la misma proporción, tal como se ve en el Pórtico de la Gloria.

Como motivo, el Arbol de Jesé nace de una frase de Isaías, donde se habla de la ascendencia del Mesías a partir del padre de David, Jesé. Por eso éste es el anciano borroso y enorme que aparece recostado en la parte baja. De su vientre, siguiendo la profecía, sale un tallo, el árbol. Del tronco surgen los personajes más importantes de la Genealogía. En Santiago son David y Salomón. Aquí, por la falta de sitio, la primera es María. Sobre ella, otra particularidad, la Trinidad, en vez de Cristo y el Espíritu. Es uno de los primeros relieves trinitarios de España dispuestos de esta forma. A los lados del tronco, seis personajes masculinos. Tienen que ser los profetas que hablaban del Mesías. La incorporación del Padre al Arbol no se encuentra, al parecer, salvo en Compostela, en obras anteriores al siglo xv.

### Los capiteles de los últimos maestros

Una obra encantadora dentro del ciclo silense es el doble capitel dedicado a la Natividad (38). Su autor debe ser el mismo del Arbol de Jesé. Se ha efectuado un cambio profundo respecto a lo que se vio hasta ahora. Ha cambiado la forma del capitel y de los fustes, ahora unidos y cilíndricos. Todo se acerca más al románico avanzado. En el ciclo nada sobra, aunque existe un gusto por lo narrativo.

La lectura debe empezarse por la parte de fuera. La Anunciación presenta en plano de igualdad a la Virgen y al ángel, señal de mayor primitivismo que el relieve. En la Visitación no están más que María e Isabel. Los paños se pegan al cuerpo y lo modelan. Es un intento de naturalismo. En el sueño de José no hay separación clara con lo anterior y el ángel anunciador penetra en la escena siguiente. En el Nacimiento asistimos a un acto que no recogen los Evangelios. Sólo en los escritos apócrifos,

**36.** *Pormenor del artesonado.*

tan del gusto de las gentes medievales, se
puede encontrar una mujer junto a María,
ayudándola en el parto y siendo testigo de
su continua virginidad. Quizás el texto
usado provenga del Protoevangelio de Santiago.

Inmediatamente, en el lado interior del
capitel, aparece el Niño en la cuna adora-
do por los ángeles. Es la primera adoración.
El pesebre es casi un templo, enmarcado
por las dos columnillas sobre las que descansa un arco de medio punto. Le adoran
asimismo el asno y el buey, tan unidos a
la tradición cristiana, aunque su origen
haya que buscarlo de nuevo en los escritos
apócrifos. Al tiempo, un ángel advierte la
nueva a los pastores. Es la representación
clásica, con dos pastores, uno joven y otro
mayor, un pequeño rebaño, y una mínima
referencia al paisaje. Se completa el ciclo
con la Huida a Egipto. Siete temas expues-
tos en un solo capitel. Con variantes lo
repetirán en Burgo de Osma (Soria) y en
San Juan de Ortega (Burgos), maestros
que conocían Silos.

Un artista excepcional tuvo que ser el
que esculpió el cuádruple capitel dedicado
al ciclo de Semana Santa. Los cuatro fus-

**37.** *Primer sepulcro de
Santo Domingo.*

44

tes se retuercen en un efecto barroco poco frecuente en el románico. Está tentado uno de pensar que fue el único tallado por este maestro. Es conocido en Aguilar de Campoo (Palencia) donde trabaja o se le imita en un gran capitel, hoy en el Museo Arqueológico Nacional. Representa a hombres luchando con dragones.

Los temas son Entrada de Jesús en Jerusalén, Cena y Lavatorio. Desgraciadamente está muy estropeado. La entrada es triunfalista. Detalle sentimental es la presencia del asnillo mamando de la ubre de la madre. El tema es mesiánico y en alguna ocasión se ha puesto, como fiesta, en conexión con el Bautismo. La Cena es la institución de la Eucaristía, con la sacrílega comunión del hoy casi perdido Judas. En el Lavatorio entendía ya San Bernardo que se aludía a la Penitencia. Los dos úl-

timos aparecen juntos en el siglo XII en relación con estos sacramentos, contra ciertas herejías. En el Lavatorio están algunas de las más perfectas cabezas clásicas.

Los restantes capiteles vuelven al Bestiario. Las sirenas pájaros del capitel siguiente (41) con su cara llena y sus rasgos marcados deben haber sido esculpidos por el maestro de la Anunciación. Un poco más adelante unos leones están enredados en tallos (43). Son figuras eminentemente plásticas, con cabezas casi de bulto redondo. Quizás el capitel pertenezca al mismo maestro.

Las arpías o sirenas pájaro de otro capitel (45) recuerdan las que trabajaba el primer maestro, aunque estén vistas de frente, con relieve pronunciado, sin su rítmico sentido lineal. Fueron copiadas en el claustro alto por un escultor adocenado.

Los grifos están entre los animales más usuales del bestiario fantástico. Son mixtos, combinan el águila con el león. San Isidoro, que ya tuvo noticia de su existencia, los describía así: «Animal alado, cuadrúpedo. Esta clase de animales vivía en los montes hiperbóreos; tienen cuerpo de león y rostro de águila; son muy dañinos para los caballos y despedazan a los hombres que ven». Según otros, eran de tamaño gigante, como ocho leones, y tenían la fuerza de cien águilas. Habitaban en las fantásticas tierras del Preste Juan. Aunque se deja traslucir su carácter negativo se hace uso de ellos con preferencia como animal ornamental. Así aparece en las telas de la Persia sasánida y en las musulmanas, igual que en su eboraria, como en la cajita relicario de Silos (Museo Burgos). Se presentan por parejas. Están en dos capiteles silenses (47 y 64). El último de la galería S, mejor conservado.

Entre la escultura de esta galería, en parte lastimada por ser la más fría y expuesta a los vientos del N, se puede señalar más de un detalle notable. Uno de los más hermosos capiteles presenta unos ciervos enredados en tallos (52). El ciervo es animal positivo. Un salmo lo compara al alma. En el Diurnal de Fernando I, un manuscrito de mediado el siglo XI conservado en Santiago, el salmo se inicia con una pequeña miniatura, un ciervo saltando. Está libre. Sin embargo, en el capitel de Silos intenta soltarse de las ramas que lo oprimen que representan el pecado. Es imagen del alma atrapada en las redes del mal, intentando liberarse de ellas.

La Edad Media en general y el tiempo del románico en particular están poseídos por un dualismo casi maniqueo. El mundo es el campo de batalla del bien y del mal. El botín es el ser humano. El hombre, ayudado por Dios, combate victorioso al mal, pero si se descuida está perdido. Dentro de este bélico dualismo hay que entender el capitel en el que varios seres humanos se enfrentan a monstruos con desigual fortuna (57). Ayudados por las ramas o enre-dados en ellas, luchan con pequeños dragones. Clavan sus armas en los cuerpos demoniacos o no pueden evitar que las grandes bocas devoradoras muerdan sus pies. Este capitel refleja un estado de ánimo de época; por eso, con más o menos variantes, se repite continuamente en la escultura y la miniatura. Especialmente, en el XII avanzado.

La contemplación de las primeras obras anima a los últimos escultores a realizar pirámides de animales en lucha. Son animales diferentes, con otro sentido estético. Así, ese capitel en el que unas águilas hacen presa en una especie de liebre o conejo (58), recuerdo posiblemente de una tradición popular o culta, porque no es raro ver el mismo enfrentamiento en miniaturas.

Otro ser de ascendencia clásica, cuyo recuerdo se conserva, es el centauro. Como sagitarios forman parte del zodiaco. Descritos en los bestiarios junto a las sirenas, suelen atacar a éstas en capiteles y fachadas. En Silos se les ve dos veces en la galería S (55 y 62). La última representación es de gran clasicismo. Siguiendo la costumbre del primer maestro, sobre los hombros se coloca una tela. Sus maneras brutales les hacen poco gratos, por lo que puede asegurarse que, como tantos monstruos mixtos de hombre-animal, son negativos.

*El claustro alto.*

Silos posee un claustro de dos pisos. El superior debió ser hecho a comienzos del siglo XIII. Su estética se subordinó a la del inferior, sin la finura de talla de piedra, ni los adornos de molduras de los arcos bajos. Los artistas que labraron sus capiteles eran poco más que medianos. En la mayoría de las ocasiones se limitaron a esculpirlos con adornos de hojas toscas. Cabe notar que se copian algunos capiteles bajos, sobre todo el de sirenas pájaro.

El lado S es el más rico en historias, algunas de interés más iconográfico que estético. Generalmente, el escultor suele destacar las figuras de un fondo neutro, casi en forma de prisma recto rectangular. Esto

**38.** *Puerta de las Vírgenes, lado derecho.*

mos en la época de la poesía goliardesca, que entre otros ensalza los placeres del vino, del juego y de la taberna. Los manuscritos conservados de estas poesías se encuentran en abadías y monasterios. No es sorprendente que quede un reflejo en esta obra tardía.

Algún tema floral o vegetal encuentra su igual en los sitios más inverosímiles. Así, un capitel del lado W con las hojas incurvadas valorando el claroscuro con punteados (35), es similar a uno del desaparecido claustro de la Catedral de Pamplona. Y otro estilizado en formas florales (44) de la misma galería recuerda al que adorna la fachada S de la iglesia de San Vicente de Besalú (Gerona).

*El artesonado mudéjar.*

El techo del piso bajo está completamen-

**39.** *Capitel de la puerta de las Vírgenes.*

le permite componer descuidando el marco típico y atendiendo al rectángulo de cada cara. Se puede ver el sagitario atacando a la sirena pájaro masculina y femenina (60). La forma masculina no aparece en el románico hasta fecha próxima al 1200.

El más curioso presenta por un lado una escena de taberna (52). Varios hombres beben de unas redomas semejantes a las que llevan los ancianos del claustro bajo. Estate pintado. Está dispuesto como alfarje mudéjar. Los musulmanes que siguen viviendo en territorio cristiano conquistado, mudéjares, son hábiles artesanos, sobre todo en carpintería. Un inmenso número de edificios religiosos y civiles cristianos fueron cubiertos con ricos techos realizados por ellos. Sabemos que a la hora de decorarlos con pinturas figurativas colaboraron pintores cristianos.

El artesonado de Silos es uno de los más bellos y más ricos entre los conservados con pinturas. Sabemos que en 1384 el monasterio sufrió un incendio. Poco después se dio comienzo a la restauración. Es fácil que se hiciera entonces el nuevo artesonado. Escudos con armas representados en él son de gentes de fines del siglo XIV. Con el tiempo sufrió bastante. El lado E es nuevo, igual que parte del N y del S.

El estilo de las pinturas está dentro del gótico lineal, pese a que a estas alturas en lugares como Cataluña comenzaba el gótico internacional. Los temas son variadísimos. Algunos son florales y decorativos. Otros desarrollan ciclos pequeños sin conexión entre sí. Es un mundo variopinto reflejo de la sociedad de la época.

Escasos temas son religiosos. Una Epifanía entre ellos. Unas veces se ven escenas de carácter popular, como espectáculos, luchas de animales, rejoneo de toros. Otras, una gran parte, son escenas amorosas, algunas de gran libertad. Parte de la literatura de la época está en la misma línea. Ciertas representaciones burlescas son de un notable anticlericalismo. Puede tratarse de fábulas clásicas recogidas desde la época de Pedro Alfonso y ahora en los Libros de Exemplos, como el Conde Lucanor. Son un rico muestrario de la vida de entonces, del vestuario, de las costumbres.

*Otras obras del claustro.*

La sala capitular se abre a la galería E. El paso recuerda a edificios cistercienses de principios del siglo XIII, aunque alguno de los capiteles auténticos sea figurativo. Fue modificada en el siglo XV, pero la bóveda se echó abajo al construir sobre ella el ochavo barroco, relicario del cuerpo de Santo Domingo.

En el lado N se ha dispuesto, no hace muchos años, un pequeño hueco, con arco de medio punto que apoya sobre unas columnas cuyos capiteles proceden del edificio románico. Mayores que los del claustro del primer maestro, pero semejantes en forma y animales representados. Delante, un sepulcro: el de Santo Domingo. Es gótico, de buena calidad.

Próxima a la puerta de las Vírgenes, una enorme estatua, la Virgen de Marzo. Restaurada, conserva el aire primitivo. Es una figura maiestática, algo pesada y tosca, pero de gran efecto. No es anterior al siglo XIII.

*La puerta de las Vírgenes.*

De la iglesia románica, aparte cimientos, no queda sino el lado S del crucero. No conocemos la fecha, pero debe ser próxima a 1120. Lo más destacado es la puerta de las Vírgenes, abierta al claustro. Sorprende en ella la presencia de un arco de herradura, herencia de lo mozárabe, y el adornado fuste de las columnas. Los capiteles, hechos todos por un mismo escultor, son ajenos a la escultura del claustro. Se ha discutido su significado, sin llegar a una solución satisfactoria. Es curiosa la repetición de tipos semejantes de indefinido aire musulmán.

*Joaquín Yarza Luaces*

# EL MUSEO Y LA BOTICA

## CUSTODIA PROCESIONAL

Un hallazgo inesperado en junio de 1967 completó el historial de este magnífico ejemplar de la serie, única en el mundo, de las custodias procesionales españolas (Toledo, Sevilla, Avila, Gerona, etc.). En la base triangular que soporta la caja para la Sagrada Forma, apareció el punzón del orfebre **BIBAR** y el lugar del taller: **BURGOS**. El año de su factura, 1526, consta en las cartelas de varias columnas. Tiene forma de

templete exagonal, descansando airosamente sobre un pedestal que se le añadió en el siglo XVIII.

Se advierte en todo el conjunto el empeño por cubrir con decoración toda la superficie del edículo a base de pequeños paneles calados, de fundición perfectamente lograda a pesar de la pequeñez de sus temas, sobrepuestos a láminas para facilitar la unión y el montaje del conjunto. Todo es plata dorada.

El pedestal neoclásico es pesado de di-

## PLANTA DEL MUSEO

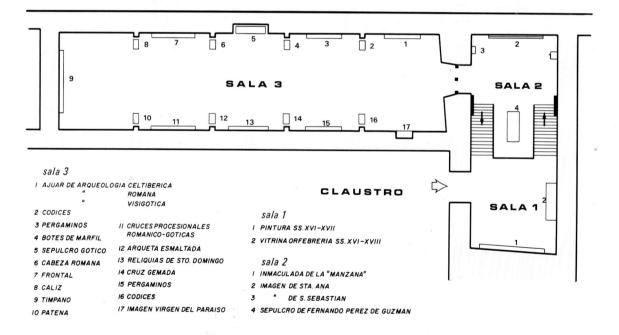

**sala 3**

1 AJUAR DE ARQUEOLOGIA CELTIBERICA
    "     ROMANA
    "     VISIGOTICA
2 CODICES
3 PERGAMINOS     II CRUCES PROCESIONALES
4 BOTES DE MARFIL        ROMANICO-GOTICAS
5 SEPULCRO GOTICO     12 ARQUETA ESMALTADA
6 CABEZA ROMANA     13 RELIQUIAS DE STO. DOMINGO
7 FRONTAL     14 CRUZ GEMADA
8 CALIZ     15 PERGAMINOS
9 TIMPANO     16 CODICES
10 PATENA     17 IMAGEN VIRGEN DEL PARAISO

**sala 1**
1 PINTURA SS. XVI-XVII
2 VITRINA ORFEBRERIA SS. XVI-XVIII

**sala 2**
1 INMACULADA DE LA "MANZANA"
2 IMAGEN DE STA. ANA
3     "     DE S. SEBASTIAN
4 SEPULCRO DE FERNANDO PEREZ DE GUZMAN

**40.** *Planta del museo (según Rafael Torres).*

seño y volumen, está adornado con molduras simples y gruesos cabujones de cristal de roca. En el frente destaca un topacio oscuro de dimensiones poco corrientes. Este pedestal fue añadido probablemente al templete original al retirarle del retablo de la capilla mayor (de la misma época) y destinarle a la procesión del día del Corpus, para lo cual necesitaba mayor altura.

## FRAGMENTO DE UN CODICE DE BEATO

Estamos ante el fragmento del más antiguo «Beato». La hoja de pergamino mide 305 × 250 mm., le falta el margen superior que ha sido recortado y contiene el comentario al tema de las almas de los difuntos bajo el altar. Tiene gran interés no sólo por la miniatura, sino también por el carácter oscilante de la escritura. El Dr. Lowe, basándose en el análisis paleográfico, lo sitúa en los primeros años del siglo x o finales del ix.

A la izquierda de la columna, en el folio recto, hay una miniatura de mayor interés arqueológico que estético. Está dividida en dos estancias o compartimentos: en el superior, hay un altar con una lámpara que cuelga de los lados, con pájaros y grotescas figuras humanas debajo; en el inferior, hay más pájaros y cabezas. Iconográficamente la miniatura pertenece a la misma familia que el «Beato» de Morgan.

## CABEZA ROMANA

Cabeza femenina, en bronce, ss. III-IV, procedente con toda probabilidad de la ciudad romana de CLUNIA SULPICIA, donde el monasterio tenía posesiones y hasta un priorato ya a mediados del siglo XI. El tocado del cabello hace pensar más en una Emperatriz que en una diosa o idolillo, pero sin identificación concreta posible.

Se la ha conocido por el «Idolo de Carazo», a partir de una leyenda que no se remonta más allá del siglo XVII. Su origen está envuelto en la misma oscuridad que la paloma eucarística.

**41.** *Inmaculada de la Manzana (siglo XV).*

**43.** *Fragmento de un códice de «Beato» (siglo IX).*

**44.** *Cabeza romana (siglos III-IV).* ▶

## PALOMA EUCARISTICA

Se la conoce ya desde el siglo XV usada como relicario, aunque su origen y uso anterior como vaso litúrgico para la reserva de la Eucaristía está totalmente claro y definido por ejemplares idénticos que conservaron su destino hasta ingresar en los museos.

En el siglo XVII una leyenda, más piadosa que erudita, la suponía, junto con la cabeza romana, hecha por Santo Domingo de Silos; ambas piezas se hallaban dentro de una corona de plata, a manera de lámpara, con pedrería hoy desaparecida.

La aclaración es inútil, puesto que salta a la vista el estilo distinto de ambas piezas y sin que ninguna sea, por supuesto, del siglo XI.

Es de plata dorada, fundida en una sola pieza. Las plumas, muy estilizadas, están grabadas a buril con cuidada y elegante simetría.

Podemos situarla en la segunda mitad del siglo XII o a comienzos del XIII.

## ARQUETA RELICARIO

Se la menciona ya en el inventario de reliquias del monasterio como «rica arca es-

**45.** *Paloma eucarística (siglos XII-XIII).*

maltada». Tiene forma de casita con tejado a dos vertientes, rematada por cresteria perforada.

En el frente de la cara anterior está representada la escena de la Crucifixión con los testigos tradicionales: la Virgen, San Juan, el sol y la luna; en el plano inclinado aparece Cristo en Majestad encerrado en la mandorla característica que llevan airosamente dos ángeles de dibujo, anatomía y vigor impecables. Todas las figuras están no solamente grabadas, sino también cinceladas, con lo que adquieren una bella impresión de modelado incipiente. Esta particularidad, con el «repasado» inigualable de las cabezas de fundición, separan decididamente esta magnífica pieza del conjunto de la producción lemosina, más descuidada por su industrialización, a la que se le venía adscribiendo siempre.

El esmalte, en su modalidad de «champlevé», es el utilizado como fondo en los escasos resquicios que dejan las figuras de la cara anterior; en cambio es mucho más abundante en la composición geométrica, armoniosa y agradable, de la cara posterior. Predominan los colores azules y verdes aclarados con amarillos y blancos; escasos toques de rojo destruyen la frialdad cromática del abundante «azul lapis».

Mide 0,30 m. de larga; 0,11 m. de ancha y 0,16 m. de alta.

Está toda ella, esmalte y metal, en muy buen estado de conservación.

**46.** *Arqueta esmaltada (siglos XII-XIII).*

## CALIZ DE SANTO DOMINGO DE SILOS

Llamado así por la dedicatoria grabada en la base con caracteres mozárabes, que nos dice fue mandado hacer por Santo Domingo. La inscripción es la siguiente: IN NOMINE DOMINI OB HONOREM SCI SABASTIANI DOMINICO ABBAS FECIT.

Si el cáliz fue dedicado por él, es necesariamente anterior a su muerte, ocurrida en 1073. Aunque dedicado a San Sebastián entre 1041 y 1073, se piensa sin embargo que es de factura anterior (finales del siglo IX o principios del X).

Se le conoce también con el nombre de *cáliz ministerial*, pues fue usado en la Liturgia Mozárabe. Es de plata dorada, ornamentado con decoración de marcada influencia árabe, perceptible sobre todo en los arcos de herradura que se extienden alrededor de la base y de la copa. Los espacios ornamen-

**47.** *Detalle de la arqueta esmaltada.* ▶

**48.** *Cáliz de Santo Domingo de Silos.*

**49.** *Tímpano procedente de la iglesia románica, con relieves de la infancia de Cristo.*

**50.** *Frontal (siglo XII).*

tados están repletos de roleos y otros temas en filigrana que llaman la atención por lo tosco de su ejecución.

Este cáliz es un exponente de la dificultad que entraña, aún en nuestros días, soldar hilos de plata tan finos a una superficie convexa. Llama la atención por su gran tamaño, 300 mm. de alto y 190 mm. de diámetro, en la copa. Su tosquedad en la ejecución y hasta falta de corrección en el dibujo, junto con su tamaño poco común, hacen de él una pieza de excepcional interés dentro de la orfebrería medieval.

## PATENA MINISTERIAL

La tradición ha unido el cáliz y la patena, aunque en realidad no tienen otra relación

**51.** *Patena (siglos XII-XIII).*

**52.** *Botica monasterial. Vista parcial del «laboratorio».*

que la filigrana como recurso decorativo. Y aún ésta difiere de tal manera en ambas piezas que las separa más que las une.

Mientras en el cáliz la filigrana es rústica, en la patena es delicada y ejecutada con asombroso y perfecto dominio de la técnica.

Los abundantísimos roleos y demás temas ornamentales se desarrollan siguiendo un ritmo gracioso de forma muy personal y sin repetirse, agrupándose en variedades siempre nuevas hasta cubrir por completo toda la franja del contorno. Por otra parte, el número considerable de cabujones de piedras nobles, su tamaño desigual y lo surtido de sus colores, le dan un encanto y variedad muy notables.

La misma perfección y hasta «lujo» nos obliga a pensar, a la hora de datarla, en una época muy posterior a la del cáliz: último tercio del siglo XII o principios del XIII. Es posible que fuera hecha pensando en el cáliz, pero con la clara preocupación de superarlo en todos los sentidos.

Mide 310 mm. de diámetro.

Entre las piedras hay que destacar las grabadas, en especial las dos mayores: el camafeo romano de la época del Imperio con la impresionante talla de cabeza femenina, y la que lleva la siguiente inscripción latina con caracteres griegos:

CΛΛΒΩ ΚΟΜ          (SALBO KOMMODO
ΜΟΔΩ ΦΗΛΙΖ          FELIX FAUSTEINA.)
ΦΑΥϹΤΕΙΝΑ.

El P. Sarmiento lo interpretaba como un recordatorio que Faustina, madre del Emperador Cómmodo, hizo grabar en conmemoración de haberse visto libre su propio hijo de la peste que asoló Italia en la segunda mitad del siglo II.

## FRONTAL

Es problemática la denominación misma de la pieza a partir de su función original.

Se la ha llamado frontal, retablo y hasta cenotafio. La opinión más probable se la debemos a D. Manuel Gómez-Moreno que la supone, razonadamente, cubriendo el sepulcro de piedra de Santo Domingo de Silos, junto con el frontal esmaltado que, procedente del monasterio de Silos, se conserva actualmente en el Museo Provincial de Burgos.

En cualquier caso, tenemos un espléndido y raro ejemplar de la orfebrería medieval, tanto por su tamaño (253 × 53 cm.), como por la profusión de su grabado en las modalidades de cincel y de buril.

Está hecho de placas de cobre con temas de tipo decorativo (franja vermiculada, letras cúficas repetidas periódicamente, edículos y columnitas) y de tipo figurativo (Apostolado y *Agnus Dei* del medallón central, tema netamente hispánico). Todos los motivos están dorados y los fondos barnizados con el clásico «Vernis brun» (minio y betún de judea) del monje Theófilo.

## BACULO ABACIAL

Es de cobre dorado, tallado y esmaltado, con anillos de plata. La voluta con escamas grabadas termina en cabeza de dragón. Cuatro hojas abiertas separan la espiral del nudo decorado con roleos y cuatro pájaros esmaltados.

La caña está dividida en tres losanges y seis triángulos, en cuyo interior hay aves de dibujo y colorido idénticos a los de la orla del frontal de Silos, que se conserva en el Museo Provincial de Burgos.

Se encontró en el año 1960 entre los restos del Abad Juan II, muerto en 1198. Su hallazgo constituye un dato más para completar la argumentación iniciada, hacia los años treinta, por el profesor Hildburg en pro de una escuela o taller de esmaltería en el Monasterio de Silos durante la Baja Edad Media y a la que tantos se han adherido, con valentía y entusiasmo unos, temerosamente otros.

Pertenece al siglo XII. Mide 260 × 120 milímetros.

## TIMPANO ROMANICO

Fue descubierto en 1964 formando parte de cimentación de la Iglesia actual que proyectara Ventura Rodríguez a mediados del siglo XVIII. Procede de una de las puertas de la iglesia románica desaparecida al construir la neoclásica.

Como escultura puede situarse en fecha próxima al año 1200. Estilísticamente guarda relación, siquiera de escuela, con el maestro del bajorrelieve de la Anunciación y el capitel de la Infancia de Jesús, en la galería occidental del claustro, al que complementa iconográficamente. En el tímpano tenemos el Nacimiento, Presentación y Adoración de los Reyes, mientras que en el capitel se representa la Huida a Egipto, la Visitación y la Aparición del Angel a San José.

El orden de los temas no se debe a una preferencia de tipo iconográfico, tampoco a un orden histórico. María y el anciano Simeón se prestan de maravilla a encajarlos, de pie, en la parte más alta del medio punto. El despiece corresponde aproximadamente al radial de las dovelas de un arco.

El estado lamentable de mutilación se debe a la necesidad de quitar los puntos más salientes de las esculturas para colocar cómodamente las piedras, unas sobre otras, al ser utilizadas de nuevo.

La altura es de 1,44 m. y la anchura de 2,93 m., aproximadamente.

\* \* \*

## LA BOTICA

### (Museo de Farmacia Local)

La Botica monasterial se despega, por su contenido abigarrado, del ambiente medieval silense. Pero es, sencillamente, un sector más de la cultura médica que, como todas, tuvo su cabida en los cenobios benedictinos.

**53.** *Colección de matraces, botes de cristal y morteros.*

Fue fundada en el año 1705 como consecuencia del deficiente servicio médico que prestaba la que, en el pueblo de Silos, servía a vecinos y monjes.

Sus tres primeros boticarios fueron monjes: Gregorio de Hoyos, Isidoro Saracha y Fulgencio Palomero. El P. Saracha fue quien por su personalidad y competencia extendió la fama de la Botica más allá de los límites regionales y la dotó con los últimos adelantos de la farmacopea de la época. El eminente naturalista D. José Pavón le dedicó varias especies de plantas por él des-

61

cubiertas en el Perú y les puso el subtítulo de Saracha en su libro sobre la flora peruana, impreso en 1777.

Todo el conjunto sufrió mucho con la «francesada» y la ley de desamortización de Mendizábal en 1835. A pesar de ello y a pesar de su traslado fuera del monasterio y de su paso sucesivo por cuatro generaciones de boticarios seglares del pueblo de Silos hasta 1927, puede gloriarse de ser la más completa de la época, a juicio del profesor Folch, y consiguientemente la que más interés tiene para el estudio de la farmacia española de su tiempo.

El BOTAMEN, cerámica de Talavera de la Reina de la segunda época, está constituido por trescientos setenta y seis tarros de diversas formas y tamaños ricamente decorados en azul con el escudo de armas del monasterio. Este es un detalle que aumenta considerablemente su valor, como exponente de haber sido hechos en exclusiva para él.

La BIBLIOTECA, formada por el des-

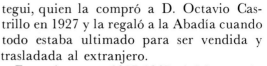

tegui, quien la compró a D. Octavio Castrillo en 1927 y la regaló a la Abadía cuando todo estaba ultimado para ser vendida y trasladada al extranjero.

Entre los años 1957-1967 el Monasterio recuperó otros tres lotes de cosas: tarros, anaqueles y cajonería, hasta integrar el conjunto que se aprecia en la actualidad.

*Rafael Torres, OSB.*

**54.** *Sala principal de la Botica, con botamen de Talavera.*

arrollo y empuje de la Botica, tiene trescientos ochenta y siete libros, varios con categoría de raros y casi únicos. Entre ellos se pueden contar unos sesenta del siglo XVI.

Finalmente, los restos del que debió ser LABORATORIO espléndidamente dotado, con su centenar de matraces y otras vasijas de cristal, alambiques y una buena serie de morteros.

El monasterio debe la recuperación de una buena parte de su vetusta Botica al gesto prócer de D. Juan de Aguirre y Achú-

**INDICE**

## CATALOGO DEL MUSEO

**SALA 1.ª**

*Pintura.*

—Cuatro tablas de los ss. XVI-XVII.
—Crucifijo pintado sobre madera. Escuela de Valdés Leal. Siglo XVII.

*Vitrina.*

—Orfebrería de los siglos XVI-XVIII.
—Custodia. Cáliz con campanillas. Píxide de filigrana.
—Custodia procesional. Relicario de San Valentín. Crucifijo de marfil y cruz de ébano.

**SALA 2.ª**

*Pintura.*

—Dos tablas representando santos franciscanos. Siglo XIV.

*Escultura.*

—Conjunto escultórico de Santa Ana, la Virgen y el Niño. Talla en piedra policromada, siglo XIV.
—«Inmaculada de la Manzana». Talla en madera policromada, siglo XV.
—San Sebastián. Talla en madera policromada, siglo XV, escuela castellano-flamenca.
—Sepulcro de piedra perteneciente a D. Fernando Pérez de Guzmán, siglo XV.

**SALA 3.ª** —Principal—

*Esculturas*

—Capiteles y fragmentos de los ss. XI-XIII encontrados en distintos sitios del monasterio y procedentes de la antigua iglesia románica.
—Sepulcro de D. Diego Téllez, 2.ª mitad del siglo XIII.
—Virgen del Paraíso. Talla en madera policromada, siglo XII.

*Vitrinas.*

—Colección de arqueología celtibérica, romana y visigótica rescatada de los escombros del incendio de 1970.
—Reliquias de Santo Domingo de Silos:
  —Báculo de madera, siglo XI, con guarnición de plata del siglo XVIII.
  —Fragmento de casulla, tela árabe, siglo XI.
  —Cruz de oro, posible pectoral, siglo IX.
—Botes árabes de marfil para perfumes, pertenecientes a Abderramán III.
—Cruz gemada mozárabe, donación de Alfonso VIII. Siglo XI.

## SECCION DE CODICES

MS. 1 EXPOSITIO REGULAE S. P. N. BENEDICTI.
Comentario de «Smaragdus» sobre la Regla de San Benito. Siglos IX-X.

MS. 2 DIALOGI S. GREGORII PAPAE.
Diálogos del Papa San Gregorio Magno. Siglo X.

MS. 3 RITUS ET MISSAE.
Ceremonias y ritos de la misa mozárabe. Siglo XI.

MS. 4 LIBER ORDINUM.
Pontifical Hispánico. Año 1052.

MS. 5 LECTIONES ET OFFICIA.
Tratado de «Virginitate Mariae Virginis» de San Ildefonso de Toledo. Año 1009.

MS. 6 BREVIARIUM ET MISSALE MOZARABICUM.
Oficios y misas de la liturgia mozárabe. Siglo XI. En papel y pergamino.

MS. 7 HORAE DIURNAE ET NOCTURNAE.
Oficios propios del rito monástico-hispánico. Siglo XI.

MS. 8 LIBER SACRAMENTORUM.
Sacramentario Romano-Galicano. Siglos XI-XII.

MS. 9 ANTIPHONARIUM MONASTICUM.
Antifonario monástico-romano. Siglos XI-XII.

MS. 10 FLORES SANCTORUM.
Ciento cincuenta vidas de santos. Siglo XIII.

MS. 11 SERMONES.
Sermones para todos los domingos del año. Siglos XIII-XIV.

MS. 12 GRIMALDO, GONZALO DE BERCEO, PERO MARIN.
Las tres primeras biografías de Santo Domingo de Silos. Siglos XIII-XIV.

MS. 14 CEREMONIAL MONASTICO DE LA CONGREGACION DE VALLADOLID.
Siglo XIV.

MS. 15 CEREMONIAL MONASTICO DE LA CONGREGACION DE VALLADOLID.
Años 1440-1450.

MS. 16 LIBER ANTIPHONARIUM.
Antifonario monástico-español. Siglo XV.

MS. 93 POESIAS DE GONZALO DE BERCEO.
Copia de un códice, hoy desaparecido, hecha en Silos por el P. Ibarreta. Siglo XVIII.